AF619327

COLLECTION

DES

MORALISTES ANCIENS.

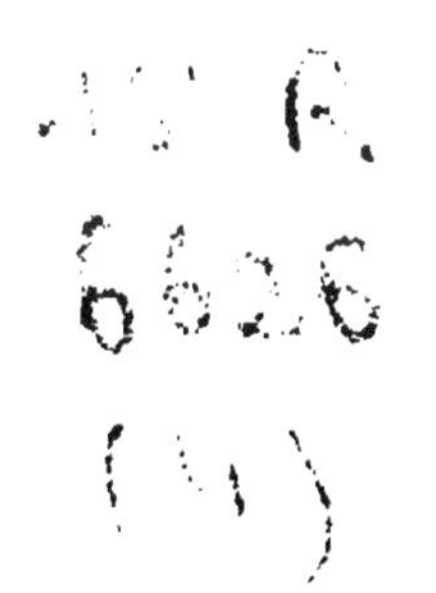

COLLECTION

DES

MORALISTES ANCIENS,

DÉDIÉE AU ROI.

A PARIS,

Chez Didot l'aîné, Imprimeur du Clergé, en furv. rue Pavée S. A.

Et De Bure l'aîné, Quai des Auguftins.

M. DCC. LXXXII.

DISCOURS
PRÉLIMINAIRE
POUR SERVIR D'INTRODUCTION
A LA MORALE
DE SÉNEQUE.

PAR M. N.

DISCOURS PRÉLIMINAIRE.

Un de ces hommes rares qui, dans quelque temps où le hasard les fasse naître, influent sur leur siecle, Bayle dit que « l'Esprit de Montaigne sera admiré tant qu'il y aura des connoisseurs ». On peut assurer la même chose de Séneque, dans les ouvrages duquel on trouve les premiers apperçus &, pour ainsi dire, l'idée mere & originale d'un grand nombre de vérités morales, de principes de la science des mœurs, dont on a donné, depuis, la démonſtration & le développement. Il eſt triſte, ſans doute, que ce Philoſophe rempli de ſagacité, à qui la Nature avoit donné ce génie heureux & facile qui s'applique avec ſuccès à tous les objets qu'il embraſse, n'ait pas vécu sous des Princes moins féroces ou moins imbécilles : mais lorſqu'en liſant l'hiſtoire de ces temps orageux on voit que Néron a fait, pendant cinq ans, le bonheur des Romains ; & que ces cinq premieres années de ſon regne, dont Trajan diſoit que tous les bons Princes devoient être jaloux, furent l'effet de l'art, des conſeils & des préceptes de Séneque, on regrette moins que les fonctions pénibles & délicates d'une place où il a montré un jugement sain, des vues louables, de la probité, du courage, &, dans toutes les occasions, un grand caractere, ne lui aient pas permis de se livrer entièrement à l'étude de l'homme & de la nature. En retardant de quelques années l'esclavage & le malheur de sa patrie, Séneque a rendu à ses concitoyens un service plus important; il a même acquis plus de gloire, & des droits plus incontestables à l'estime & au respect de la postérité, que par ses plus beaux traités de morale & de philoſophie ; & il auroit pu dire, comme Voltaire :

J'ai fait un peu de bien, c'eſt mon meilleur ouvrage.

On a blâmé ce ſage inſtituteur, dont la conduite peut ſervir de modele à ceux que leur rang, leur mérite ou leurs brigues deſtinent aux mêmes emplois, d'être reſté auprès de Néron, qu'il ne devoit plus eſpérer de corriger ; & ſes détracteurs lui en ont même fait un crime : car, où l'équité peſe, examine, doute, la haine affirme & condamne. Mais, ſans expoſer ici toutes les (1) rai-

---

(1) M. Diderot a fait ſur cette matiere des réflexions très judicieuſes dans la vie

ſons qui peuvent le juſtifier, il ſuffit de dire que Séneque, ou tel autre moraliſte, n'étoit nullement déplacé dans une cour où le bien & le mal, le vice & la vertu, le courage & la lâcheté, l'eſprit de ſervitude & d'indépendance, la fureur du deſpotiſme & l'amour de la liberté ont été portés à l'extrême ; où tranquille ſpectateur de tant de ſcenes diverſes, du choc continuel de tant d'intérêts opposés, il pouvoit conſidérer l'homme par toutes ſes faces & dans tous ſes rapports, éprouver

---

de Séneque. Je n'inſiſte ici que ſur un motif de juſtification qu'il n'a pas employé.

ſa force & ſa foibleſse dans ces moments critiques & déciſifs pour notre gloire ou notre honte, « contreroller, comme le dit Montaigne avec cette énergie qui lui eſt propre, ſes actions communes, & « le ſurprendre en ſon à tous les « jours », point de vue sous lequel il eſt ſi difficile de ſe laiſser voir ſans perdre un peu dans l'opinion publique ; étudier le langage & l'accent particulier de chaque paſſion dans les différents individus, ou dans les mêmes individus placés dans des circonſtances diverſes : en un mot, il nous paroît que cette cour étoit pour Séneque une école où il pouvoit puiſer de grandes & inſtructives leçons, & recueillir ſurtout une multitude de faits, d'obſervations & d'expériences qu'on ne devine point, & auxquels, en morale comme dans toute autre ſcience, on ne peut jamais ſuppléer par l'analyſe la plus exacte & la théorie la plus profonde.

Plutarque a très bien prouvé que les Philoſophes doivent vivre & converſer avec les Princes, parce-qu'ils les rendent plus juſtes, plus modérés, plus humains, & plus enclins à faire le bien. « Celuy, dit-il, « qui à un Seigneur & Magiſtrat « oſte une mauvaiſe condition, ou

« lui dreſse ſa volonté & ſon in-
« tention là où il faut, celuy-là
« philoſophe pour le public, & cor-
« rige le moule & le patron auquel
« tous les ſubjects sont formez &
« gouvernez (2) ». Mais ce que Plutarque n'a pas dit, & ce qui eſt également vrai, c'eſt qu'à d'autres égards il n'eſt pas moins utile aux Philoſophes de vivre avec les grands, & de ſe répandre dans la ſociété : en effet, la page qui nous apprend à nous conduire dans une circonſtance épineuſe, qui nous ga-

(2) Voyez le traité : Qu'il faut qu'un Philoſophe converſe avec les Princes. De

rantit d'un grand péril, qui nous fait tenter avec ſuccès une entrepriſe déſeſpérée, qui développe à nos yeux les reſsorts les plus ſecrets des actions humaines, qui nous donne ce tact exquis & sûr à l'aide duquel nous jugeons quelquefois les caracteres avec une ſinguliere préciſion; c'eſt dans le grand livre du monde qu'elle eſt écrite. Quand on n'étudie l'homme que dans ſon cabinet, ou dans les ouvrages des Moraliſtes, on ne connoît guere que l'homme abſtrait, l'homme idéal, mais non

---

la verſion d'Amiot, page 341, tome II, édit. Vaſcoſan, in-8.

celui qui eſt en nature & qui vit en ſociété.

C'eſt après avoir lu pluſieurs fois Séneque, non avec cette admiration exagérée que la plupart des érudits, moins occupés des choſes que du soin futile des mots, ont trop ſouvent pour les Anciens, mais avec cette ſévérité d'examen que l'équité preſcrit, & ſans laquelle on ne peut avoir en littérature qu'un ſentiment vague & confus des convenances & du beau; c'eſt, dis-je, après avoir lu Séneque dans cet eſprit, que nous avons cru devoir en publier un extrait, & concentrer ſa doctrine, répandue dans ſix volumes, dont la lecture demande plus de temps, de suite & d'attention, que les gens du monde, en proie à toutes les passions, & livrés au plaisir ou à l'intrigue, n'en peuvent donner à leur instruction.

Parmi d'autres défauts (3) plus ou moins apparents, Séneque a sur-tout celui d'épuiser son sujet, & de vouloir tout dire. Bayle, qui avoit d'ailleurs pour ses ouvrages cette estime sentie, la seule qui fasse également l'éloge de ceux qui l'accordent & de ceux qui en sont l'ob-

(3) Je ne les ai pas dissimulés dans l'avertissement de l'Éditeur, au tome premier des Œuvres de Séneque. On peut voir

jet, lui reproche même, ſi je ne me trompe, qu'au lieu de laiſser aller chaque rayon par ſon chemin, il recourt à une eſpece de dioptrique, pour réunir une infinité de rayons, afin de jetter un plus grand éclat (4). Mais il faut obſerver que toutes ces taches, ou, ſi l'on veut, ces défauts réels, tiennent plus au caractere particulier de ſon eſprit, qu'à la prétendue décadence du goût dans le ſiecle où il écrivoit.

---

là même, pages 4 & 5, ce que j'ai dit à ce ſujet. Voyez auſſi la vie de Séneque par M. Diderot, où l'on trouve ſur cette matiere des obſervations très philoſophiques.

(4) Si ce ne sont pas là les propres pa-

Je sais que les Grammairiens & les Commentateurs ont, ſur ce point de critique, des idées fort opposées aux miennes; mais j'oſe dire qu'on n'auroit pas dû remettre à leur ſeule déciſion cette queſtion importante, & plus compliquée qu'ils ne l'ont ſupposé. Le procès auroit dû être revu par des Littérateurs philoſophes, dont le jugement a d'autant plus de poids dans ces matieres, que juſqu'à préſent ce ne sont pas

---

roles de Bayle, c'en eſt du moins le ſens. Je crois même pouvoir l'aſsurer, quoique je ne me rappelle pas l'ouvrage où ſe trouve cette obſervation critique, plus juſte peut-être que la plupart de celles de Quintilien ſur le ſtyle de Séneque.

les Savants qui ont manqué à l'examen des ouvrages des Anciens, mais les gens de goût, non moins utiles que les érudits, & beaucoup plus rares.

Monteſquieu obſerve avec raiſon qu'il y a des choſes que tout le monde dit parcequ'on les a dites une fois, mais qui pour cela n'en sont pas plus vraies : cette réflexion, applicable à tous les préjugés, l'eſt ſur-tout à l'opinion dont la diſcuſſion va nous occuper quelques inſtants.

On parle tous les jours du beau ſiecle d'Auguſte, depuis lequel, ſi on en croit les critiques, le goût s'eſt corrompu ſenſiblement chez les Romains : comme ſi le bon ou le mauvais goût d'un ſiecle étoit une affaire de chronologie ; comme s'il appartenoit excluſivement à tel ou tel ſiecle, & ne tenoit pas à des cauſes particulieres dont l'effet peut varier plus ou moins d'une époque à l'autre. Le goût du ſiecle d'Auguſte ne me paroît ni meilleur ni plus pur que celui du ſiecle qui l'a ſuivi : prétendre le contraire, c'eſt dire en d'autres termes que le goût du ſiecle de Louis XIV eſt plus délicat & plus ſévere que celui du ſiecle où nous vivons ; & la comparaiſon eſt d'autant plus exacte, que les auteurs du ſiecle d'Auguſte, & ceux qui ont fleuri depuis le regne de Néron juſqu'à celui de Trajan, ont précisément entre eux les mêmes rapports & les mêmes différences qu'on remarque entre les auteurs du ſiecle de Louis XIV & ceux du nôtre. Or perſonne, ce me ſemble, n'accuſera Fontenelle, Voltaire, Monteſquieu, Helvétius, Rouſſeau, & tous les hommes célebres qui ſont encore la gloire & l'ornement de ce ſiecle, de manquer de goût.

Si Térence, Virgile, Horace, Ovide, Catulle, Cicéron, Céſar, Tite Live, &c. sont recommandables par certaines qualités de ſtyle dont il nous eſt bien difficile, placés à une ſi grande diſtance de leur ſiecle, de ſentir & d'apprécier le mérite avec une certaine préciſion; ſi ces qualités ſe rencontrent plus rarement dans les auteurs du ſiecle de Néron (différence qui peut tenir uniquement à celle des objets dont ils ſe sont occupés), combien ces derniers ne leur sont-ils pas ſupérieurs par des beautés d'un autre genre, dont nous ſommes aujourd'hui meilleurs juges qu'on ne pouvoit l'être au temps même où ces auteurs ont écrit; & qui, n'étant ni locales, ni dépendantes de la réſonnance, du choix, de l'ordre, & de l'arrangement particulier des mots, qui conſtituent dans toutes les langues l'harmonie, le nombre & la mélodie du ſtyle, ne seront ni perdues ni même affoiblies pour un homme éclairé par-tout où il ſe trouvera; parceque le génie, l'eſprit & la raiſon, sont de tous les lieux & de tous les temps ?

Quel eſt, dans le ſiecle d'Auguſte, l'Hiſtorien & le Philoſophe qu'on puiſse comparer, l'un à Tacite, & l'autre à Séneque? Varron, le plus ſavant des Romains de l'aveu même de Cicéron, l'étoit-il plus que Pline l'ancien ? & le ſiecle du premier a-t-il laiſsé, ou plutôt avoit-il produit un ouvrage auſſi vaſte, auſſi utile, & d'une exécution auſſi difficile que l'Hiſtoire naturelle de cet auteur ? Les plus beaux traités de Cicéron ſur l'art qu'il avoit exercé avec tant de ſuccès, sont parvenus juſqu'à nous, ainſi que pluſieurs de ſes diſcours oratoires qui donnent la plus grande idée de ſon éloquence ; mais ſi les ouvrages de ces Orateurs dont on trouve l'éloge dans les Lettres de Séneque & de Pline le jeune n'avoient pas péri, comme tant d'autres monuments précieux de l'antiquité, nous pourrions ſavoir avec plus de certitude ſi le ſiecle de Domitien, de Trajan, avoit en effet, dans ce genre autrefois ſi cultivé, & qui a beaucoup perdu de ſon éclat & de ſon importance dans nos gouvernements modernes, quelque choſe à envier à celui d'Auguſte.

Diſons donc que ce sont les hommes de génie & les grands écrivains qui font les beaux ſiecles ; ce sont eux qui fondent, pour ainſi dire, le goût chez un peuple, qui en établiſſent les principes généraux d'après des modeles de beauté qui ont ou une exiſtence idéale & abſtraite dans l'entendement, ou réelle dans la nature & dans l'art : or, par-tout où ſe trouvent ces hommes de génie & ces grands écrivains, il y a néceſſairement un dépot immenſe de connoiſſances, de lumieres; & le goût y eſt auſſi très perfectionné. A qui perſuadera-t-on qu'un ſiecle qui a produit Séneque, Lucain, Juvénal, les deux Plines, Quintilien, Tacite, &c. ſoit préciſément celui où la décadence du goût commence à ſe faire ſentir, même dans ces auteurs? Dans quel ſiecle de l'antiquité trouve-t-on plus d'eſprit & de ſavoir, plus de raiſon & de philoſophie, des idées plus fines & plus profondes, que dans celui de Séneque? Si Tacite n'eſt pas un homme de goût, & même d'un grand goût, en prenant ce mot dans ſon acception la plus rigoureuſe, quel eſt, sous le regne d'Auguſte, l'Hiſtorien, le Poète ou l'Orateur, qui en ait un plus ſévere & plus pur ? que les critiques le nomment; & qu'ils nous montrent, ſurtout dans les écrits du premier, l'expreſſion, la ligne, ou la page qui bleſse leur délicateſse, & qu'ils voudroient en effacer. D'ailleurs, eſt-ce que chacun n'imprime pas à ſon ouvrage le caractere propre & particulier de ſon génie ? Séneque a écrit d'après le ſien, comme Virgile, Horace & Cicéron d'après celui qui les inſpiroit, & qui n'étoit le même pour aucun d'eux. Ce n'eſt ni en fait de ſtyle, ni en fait de goût, qu'on eſt entraîné par l'eſprit général & dominant de ſon ſiecle; c'eſt en fait d'opinions, de préjugés, de ſcience ou d'art, d'objets d'étude, &c. On a du ſtyle & du goût, environné, pour ainſi dire, d'écrivains qui en manquent : on n'a ni l'un ni l'autre, quoiqu'on vive au milieu de Poètes, de Littérateurs & de Philoſophes d'un goût très délicat, très sûr, & qui écrivent avec élégance, harmonie, préciſion & clarté. Crébillon étoit contemporain de Voltaire, & ſon ſtyle eſt âpre & barbare (5) : j'en dis autant de Piron, ſi l'on en excepte la Métromanie. Déplacez Séneque & Cicéron ; tranſportez l'un ſous le regne d'Auguſte, l'autre ſous le regne de Néron, & ils conſerveront encore les mêmes beautés & les mêmes défauts : cela eſt également vrai de Virgile & de Lucain, dont on a dit avec raiſon que l'un, plus naturel, frappe d'abord moins, pour frapper enſuite plus, tandis que

(5) C'eſt le jugement que Voltaire lui-même portoit de ce Poète, comme on le voit par ce vers ſi connu :

On préfere à mes vers Crébillon le barbare.

l'autre frappe d'abord plus, pour frapper enſuite moins (6).

Si le goût n'étoit pas une qualité purement perſonnelle, acquiſe ou perfectionnée par l'étude & la comparaiſon, mais une qualité inhérente & commune à tous les écrivains du même ſiecle, comme les critiques ſemblent le ſuppoſer ; on n'auroit pas vu sous le regne d'Auguſte, ou sous celui de Louis XIV, & l'on ne verroit pas de nos jours,

---

(6) Obſervons cependant que l'auteur de la Pharſale ſe trouve par ſon âge dans cette circonſtance particuliere, que les beautés dont ſon poème étincele doivent lui mériter les éloges de tous les gens de

cette foule d'Auteurs qu'Horace, Boileau, Racine & Voltaire ont rendus ridicules, chacun dans son temps, & qu'ils ont si justement immolés à la risée publique : c'est qu'il faut dire au contraire que vingt bons écrivains ne prouvent pas plus la pureté du goût de leur siecle, que vingt mauvais n'en prouvent la corruption; on en doit seu-

---

goût, & qu'on ne peut sans injustice lui imputer aucun des défauts de cet ouvrage qui n'est qu'une ébauche, une belle esquisse, en un mot le premier jet d'un jeune Poète plein de verve, qui s'abandonne sans contrainte à toute la fougue de son imagination, & qu'une mort prématurée enleve aux lettres qu'il cultivoit déjà avec

lement conclure qu'il y a dans le même ſiecle vingt hommes de lettres qui ont du goût, & autant qui en manquent.

On trouve, il eſt vrai, dans Séneque des choſes de (7) mauvais goût, à en juger du moins ſelon notre maniere ordinaire de concevoir : mais c'eſt le vice de l'homme, & non du temps où il écrivoit. Il

---

ſuccès dans un âge où la plupart des hommes en connoiſsent à peine le prix.

(7) Il y en a de même dans Horace, quoiqu'il ait écrit sous Auguſte, époque où les critiques placent le beau ſiecle de la littérature romaine. Mais ce qui eſt ſurtout remarquable, c'eſt que ces vers de mauvais goût ne sont pas auſſi rares dans

n'en est pas du goût d'un peuple comme de sa langue : celle-ci peut subir plus ou moins de vicissitudes,

---

les ouvrages de ce grand Poète, qu'on pourroit le supposer, & que la plupart sont même dans un genre où il est plus facile & plus dangereux de se laisser corrompre & d'avoir des imitateurs.

Quelles images plus sales & plus dégoûtantes que celles de la VIIIe Epode :

Rogare longo putidam te sæculo, &c.

& ces vers de la Satire 2 du Ier livre :

Nolim laudarier, inquit,
Sic me, &c. v. 35.
Huic si mutonis verbis, &c. v. 68.
Tument tibi, &c. v. 116.
Nec vereor, ne, &c. v. 127.
Tum immundo somnia visu, &c.
Sat. 5, lib. I. v. 84.
Mentior at si quid, merdis caput inquiner albis
Corvorum, atque in me veniat mictum atque cacatum

ſans qu'elles aient aucune influence ſenſible ſur le goût proprement dit. Le goût ne ſe corrompt que par la

---

Julius, & fragilis Pediatia, furque Voranus!
Sat. 8, lib. I, v. 37.

& toute la Satire 7 du livre Ier :

Proſcripti Regis rupilî pus atque venenum.

& tant d'autres endroits où l'on voit avec peine l'écrivain le plus poli du ſiecle d'Auguſte, & le ſeul peut-être parmi les Latins qui puiſse nous donner une idée exacte de ce que les Anciens appelloient le ſel attique, fatiguer ſes lecteurs par l'emploi fréquent des termes qui offenſent l'imagination en lui peignant des objets déshonnêtes, ou qui bleſsent les ſens en leur préſentant des objets dégoûtants.

N'oublions pas qu'Ovide & Catulle méritent le même reproche que nous faiſons ici à Horace.

conquête, & lorſqu'un peuple barbare & oppreſseur tranſporte tout-à-coup ſes mœurs brutes & ſauvages, ſa langue, ſes uſages, ſes ſuperſtitions, ſon gouvernement & ſes loix, au milieu du peuple vaincu & policé : encore ces cauſes n'agiſſent-elles qu'inſenſiblement & à la longue. Il faut cent ans d'oppreſſion, d'ignorance & de barbarie, pour corrompre le goût d'un peuple déjà civilisé par la culture des ſciences & des arts ; il n'en faut pas trente pour changer ſa langue. Mais lorſque ce même peuple, bien loin d'être la proie d'un vainqueur & d'en recevoir la loi, eſt lui-même conquérant & dominateur; lorſque ſa conſtitution politique, ſes coutumes, ſes manieres, ſon luxe, ſes jeux, ſes ſpectacles, ſes préjugés, ſes vices & ſes vertus sont les mêmes; lorſque les attaques continuelles & plus ou moins hardies du deſpotiſme n'ont pu encore le façonner au joug, ni éteindre en lui cet eſprit de liberté qui lui fait maſsacrer ſes tyrans toutes les fois qu'ils sont aſsez imprudents pour le mettre dans la néceſſité de ſe ſouvenir de ſa force & de ſes droits; enfin lorſque ce peuple n'a éprouvé aucune de ces révolutions qui changent le deſtin des empires, les mœurs

& le caractere d'une nation ; sa langue & son goût s'alterent & se corrompent très difficilement, & avec une lenteur qui rend nécessairement les progrès de la corruption longtemps insensibles. Or, tel fut précisément l'état des Romains, depuis le regne de Néron jusqu'au regne de Trajan.

A l'égard de la latinité de Séneque, de Tacite, des deux Plines & de Quintilien, elle est la même que celle de Cicéron : on retrouve dans leurs ouvrages toutes les expressions, tous les tours, toutes les phrases des meilleurs écrivains du siecle d'Auguste. Mais, comme par une suite naturelle & nécessaire de la marche & des progrès de l'esprit humain, une langue dans laquelle Cicéron lui-même étoit obligé de faire des mots, & d'imposer à de nouvelles choses de nouveaux noms (8), devoit, pour ainsi dire, accroître tous les jours son domaine, sous la plume d'un Séneque, d'un Pline, d'un Tacite, &c, on remarque en effet, en lisant ces auteurs, que bien loin de croire leur langue formée, ils travailloient sans cesse à

(8) Nobis quibus etiam verba parienda sunt, imponendaque nova novis rebus nomina.

Après plusieurs réflexions très judi-

la perfectionner, ſoit en créant des mots nouveaux, ſoit en prenant quelquefois les anciens dans des acceptions nouvelles ou plus étendues, ſoit en faiſant revivre certains termes (9) propres & énergiques qui n'étoient plus en uſage, afin d'empêcher leur langue de s'apauvrir; ſoit en coupant leurs pé-

---

cieuſes ſur cette matiere, il ajoute qu'il eſt d'autant plus permis à un Philoſophe d'employer de nouveaux mots, que la philoſophie étant proprement l'art de la vie, c'eſt par conſéquent un art qui doit avoir ſes termes propres, & duquel on ne ſauroit bien diſcourir avec les ſeuls termes ordinaires de la ſociété. Voyez Cicéron, *De finib. bonor. & malor.* lib. 3, cap. 1 & 2.

(9) Ils ſe conformoient en cela au pré-

riodes, ſouvent trop longues dans Cicéron, pour en varier les chûtes, ſans affoiblir l'harmonie; ſoit en laiſsant ſuppléer au lecteur, par l'uſage plus fréquent des ellipſes, un grand nombre d'idées intermédiaires, pour ne laiſser voir que l'idée principale qui en eſt le réſultat; ſoit enfin par l'emploi de cer-

---

cepte de Quintilien, qui veut que les grands Écrivains d'une nation reſsuſcitent les anciens mots, afin de conſervet l'abondance de la langue; pourvu qu'ils n'aillent pas chercher ces mots dans une antiquité trop éloignée: *Nec ex ultimis tenebris repetenda*. Virgile, dit-il, en uſoit ainſi. Voyez Quintilien, Inſtitut. orat. lib. 8, cap. 3. Horace donne le même conſeil aux Poètes, Epiſt. 2, lib. 2, verſ. 115 & ſeq.

taines images (10) ou métaphores hardies, empruntées des phénomenes de la nature, plus étudiée alors & mieux connue. D'où il faut conclure, non pas que Séneque, Tacite & les deux Plines ont corrompu la langue latine, ce qui est absurde; mais au contraire, que, sur ce point & sur plusieurs autres où les découvertes n'étoient ni moins importantes ni plus faciles à faire, ils ont

(10) La réflexion de Séneque sur l'emploi des images ou figures dans les ouvrages philosophiques, est très judicieuse: « Nous interdire les images pour les ac« corder exclusivement aux poëtes, dit-il, « c'est n'avoir pas lu nos anciens prosa« teurs: ils ne songeoient guere à l'effet; « simples & naïfs, ils n'avoient d'autre

été beaucoup plus loin que leurs ancêtres.

On ne peut nier, ce me ſemble, que notre langue ne ſoit plus flexible, plus douce, plus châtiée même que celle du ſiecle de Louis XIV; les formes en sont plus variées, la ſyntaxe plus réguliere & plus conforme à la ſaine logique; elle a plus de mouvement, d'énergie & de préciſion, ſur-tout dans la proſe, où

« but que de convaincre & d'inſtruire : « néanmoins leurs écrits sont pleins de « figures : c'eſt que le Philoſophe en a be-« ſoin comme le Poète, mais par un autre « motif, pour prêter un appui à notre foi-« bleſſe, pour rendre les idées plus ſenſi-« bles au lecteur ou à l'auditeur. »

elle a même acquis un caractere, une harmonie, une clarté, & une certaine vigueur de coloris qu'on ne lui trouve pas dans les meilleurs auteurs du ſiecle dernier (11). Il

(11) Racine & Boileau n'ont mis du nombre & de l'harmonie que dans leurs vers : leur proſe eſt abſolument dénuée de ce mérite ſi néceſsaire, & plus rare encore dans Boileau que dans Racine. La proſe de Fénelon eſt harmonieuſe, élégante & facile; mais foible, uniforme, & quelquefois même un peu traînante, comme Voltaire l'obſerve quelque part. Celle de Paſcal & de Boſsuet a le caractere de leur éloquence : elle eſt rapide, énergique & serrée; mais elle n'a ni la grace, ni le naturel, ni l'élégance facile & ſoutenue de celle de Voltaire. On lit Paſcal & Boſsuet une fois, & ils étonnent, & on les admire : mais on

n'eſt pas moins évident que les progrès des ſciences & des arts, en augmentant ſucceſſivement le dictionnaire des connoiſsances, ont dû enrichir celui de notre langue de

---

n'eſt pas tourmenté du deſir de les lire une ſeconde, une troiſieme fois; & il n'y a de bons ouvrages en proſe & en vers, que ceux qu'on relit & qu'on quitte toujours avec le projet & même le beſoin de les relire encore. Il me ſemble donc qu'en accordant à ces grands hommes le tribut d'éloges & d'admiration qu'ils méritent à tant de titres, on peut dire que c'eſt particulièrement dans le dix-huitieme ſiecle qu'on a ſenti la néceſſité de bien écrire en proſe, & que ſe trouvent ceux qui ont véritablement excellé dans cet art ſi difficile, & trop ſouvent négligé dans le ſiecle dernier.

toutes les expressions qui correspondent, tant au propre qu'au figuré, à la variété des idées, & y introduire une infinité de mots aussi étrangers au siecle de Louis XIV, que la plupart des objets dont ils déterminent les rapports ou les qualités. Faudra-t-il en faire un reproche aux grands écrivains de notre siecle; &, sous prétexte que Pascal, Bossuet & Fénelon ont écrit très purement en françois, & que le style de Fontenelle, de Voltaire, de Montesquieu, de Rousseau, &c. differe fort souvent du leur, accuser ces derniers d'avoir corrompu la langue & le goût?

On peut appliquer le même raiſonnement aux auteurs du ſiecle d'Auguſte, comparés à ceux du ſiecle ſuivant. Leur langue eſt la même, mais l'inſtrument s'eſt perfectionné : le ſtyle a changé ſans être moins bon, & a ſuivi, dans ſes variations plus ou moins ſenſibles, la différence du génie des écrivains, comme cela eſt arrivé dans toutes les langues. J'oſerai même ajouter qu'il n'y a pas une ſeule des beautés qu'on admire le plus dans Cicéron, dont les ouvrages de Séneque, de Tacite & de Pline, n'offrent pluſieurs exemples. Pour ne pas multiplier ici les citations latines, abſolument néceſsaires dans cette diſcuſſion, bornons-nous à ce genre de beautés qui diſtinguent ſur-tout l'Orateur romain, & qui font même aſsez ſouvent ſon principal mérite : je parle de celles qui tiennent particulièrement au nombre, à l'harmonie, à la marche impoſante & majeſtueuſe, quoiqu'un peu uniforme, de ſes périodes.

Le paſsage de Cicéron que je vais tranſcrire eſt peut-être, ainſi que les peroraiſons pour Fonteius & pour Milon, ce qu'il y a de plus touchant & de plus pathétique dans ſes diſcours oratoires. Les pensées ont le caractere & le juſte degré de force qui convient au ſujet : & ſi l'on en excepte une phraſe abſolument dénuée d'harmonie (12), & dans laquelle l'oreille eſt bleſsée par le retour trop fréquent des mêmes sons, ce morceau de la peroraiſon pour Flaccus me paroît avoir toute

---

(12) Cui ſi patrem conſervatis, qualis ipſe debeat eſse civis, præſcribetis : ſin eripitis, oſtendetis, &c.

Cela pouvoit être fort beau pour les Romains, & il faut le croire, puiſque Cicéron, qui écrivoit ſi bien, n'a pas craint d'employer cette phraſe dans un des morceaux les plus travaillés de ſon diſcours. Mais d'après les idées que tous les gens de goût ont de l'harmonie, nous oſons dire qu'il eſt bien difficile d'en trouver dans ce paſsage, quand on ſent vivement celle des phraſes ſuivantes.

la perfection dont l'éloquence est susceptible (13).

---

(13) Huic, huic misero puero, vestro ac liberorum vestrorum supplici, judices, hoc judicio, vivendi præcepta dabitis. Cui si patrem conservatis, qualis ipse debeat esse civis, præscribetis : sin eripitis, ostendetis, bonæ rationi, & constanti, & gravi, nullum a vobis fructum esse propositum. Qui vos, quoniam est id ætatis, ut sensum jam percipere possit ex mœrore patrio, auxilium nondùm patri ferre possit, orat, ne suum luctum patris lacrymis, patris mœrorem suo fletu, augeatis. Qui etiam me intuetur, me vultu appellat, meam quodammodo flens fidem implorat; ac repetit eam, quam ego patri suo quondam pro salute patriæ spoponderim, dignitatem. Misereremini familiæ, judices, misereremini fortissimi patris, misereremini filii : nomen clarissimum & fortissimum,

Le paſsage de Tacite, dont le genre eſt abſolument le même que

---

vel generis, vel vetuſtatis, vel hominis causâ, reipublicæ reſervate.

On vient d'entendre le plus éloquent des Orateurs; écoutons préſentement le premier des Hiſtoriens, & voyons comment il fait parler Germanicus mourant aux amis qui l'environnoient.

Si fato concederem, juſtus mihi dolor, etiam adverſus deos, eſset, quod me parentibus, liberis, patriæ, intra juventam, præmaturo exitu raperent. Nunc ſcelere Piſonis & Plancinæ interceptus, ultimas preces pectoribus veſtris relinquo. Referatis patri ac fratri quibus acerbitatibus dilaceratus, quibus inſidiis circumventus, miſerrimam vitam peſſimâ morte finierim. Si quos ſpes meæ, ſi quos propinquus ſan-

celui de Cicéron, a ſans doute un autre caractere, qu'il faut moins

---

guis, etiam quos invidia erga viventem movebat, inlacrymabunt, quondam florentem, & tot bellorum ſuperſtitem, muliebri fraude cecidiſse. Erit vobis locus querendi apud ſenatum, invocandi leges. Non hoc præcipuum amicorum munus eſt proſequi defunctum ignavo queſtu; ſed quæ voluerit, meminiſse, quæ mandaverit, exſequi. Flebunt Germanicum etiam ignoti : vindicabitis vos, ſi me potius, quam fortunam meam fovebatis. Oſtendite populo romano divi Auguſti neptem, eandemque conjugem meam : numerate ſex liberos. Miſericordia cum accuſantibus erit; fingentibusque ſceleſta mandata, aut non credent homines, aut non ignoſcent.

Juravere amici, dextram morientis contingentes, ſpiritum ante, quam ultionem, amiſsuros....

attribuer encore à la nature du ſujet, qu'à la différence du génie des

---

Neque multo poſt extinguitur, ingenti luctu provinciæ, & circumjacentium populorum. Indoluere exteræ nationes regesque : tanta illi comitas in ſocios, manſuétudo in hoſtes : viſuque & auditu juxta venerabilis, cum magnitudinem & gravitatem ſummæ fortunæ retineret, invidiam & adrogantiam effugerat.

Comme parmi nos lecteurs il s'en trouvera, ſans doute, qui n'entendront pas le latin, nous mettrons ici la traduction fidele de ces paſsages. Mais nous croyons devoir les prévenir que celle de la Peroraiſon de Cicéron n'en exprimera que le ſens : les beautés de l'original tiennent toutes au génie particulier de la langue latine, & doivent par conséquent diſparoître dans une autre langue.

deux écrivains. Mais le ton, quoique plus varié, comme il devoit

---

« Vous donnerez, Messieurs, des regles
« de conduite à ce jeune infortuné, votre
« suppliant & celui de vos enfants. Vous
« lui prescrirez ce qu'un citoyen romain
« doit être, si vous lui conservez son pere;
« mais si vous le lui arrachez, vous ferez
« voir que vous ne proposez à son esprit
« sage, ferme & solide, aucun fruit à re-
« cueillir. Comme il est dans un âge à
« pouvoir ressentir la disgrace de son pere,
« mais à ne pouvoir le secourir, il vous
« prie de ne point augmenter par les lar-
« mes du pere la douleur du fils, ni par
« les larmes du fils la douleur du pere. Il
« jette aussi les yeux sur moi, il m'appelle
« par ses regards, il semble réclamer, en
« pleurant, ma parole, & me redeman-
« der cette gloire que j'avois autrefois
« promise à son pere pour avoir sauvé la

l'être en effet, en eſt-il moins vrai, moins naturel ; l'éloquence moins

---

« patrie. Ayez pitié de cette famille, Meſ-
« ſieurs ; ayez pitié d'un pere ſi généreux ;
« ayez pitié de ſon fils ; & conſervez à la
« République un citoyen auſſi illuſtre &
« auſſi vaillant, en conſidération de ſes
« ancêtres, de ſa vieilleſse ou de ſa per-
« ſonne ». Cicer. Orat. pro Flacco, num. 42, tom. 5, pag. 275, edit. Olivet.

J'ai ſuivi, à quelques changements près, l'ancienne verſion. A l'égard du paſsage de Tacite, je me ſervirai de la traduction de M. d'Alembert, la ſeule dont la fidélité, l'élégance & la préciſion puiſsent donner une grande idée de l'original à ceux qui n'entendent pas le latin.

« Si une mort naturelle m'enlevoit,
« je pourrois avec juſtice me plaindre
« des Dieux mêmes, qui m'arracheroient
« dans la fleur de mon âge à ma famille &

touchante & moins perſuaſive ? Fait-il ſur l'ame du lecteur une impreſ-

---

« à ma patrie : mais immolé aujourd'hui « par le crime de Piſon & de Plancine, « c'eſt dans vos cœurs que je dépoſe mes « dernieres prieres. Allez apprendre à mon « pere & à mon frere les peines cruelles « qu'on m'a ſuſcitées, les perfidies dont « j'ai été l'objet, & la mort funeſte qui « termine ma vie infortunée. Ceux que « les liens du ſang & mes eſpérances m'ont « attachés, ceux même que l'envie a pu « indiſpoſer contre moi, pleureront un « jeune prince, échappé à tant de com-« bats pour périr au milieu de ſa gloire par « la méchanceté d'une femme. Réclamez « la juſtice du Sénat ; invoquez les loix. « Le principal devoir de l'amitié n'eſt pas « d'honorer par de vains regrets celui « qu'on a perdu ; mais de ſe ſouvenir de « ſes volontés, & de les accomplir. Les

ſion moins forte & moins profonde ? L'oreille, ce juge ſi ſévere, ſi déli-

---

« inconnus même pleureront Germanicus ;
« vous le vengerez, ſi vous l'aimiez plus
« que ſa fortune. Montrez au peuple ro-
« main la petite fille d'Auguſte mon épou-
« ſé ; comptez devant lui mes ſix enfants.
« On s'intéreſsera pour les accuſateurs ; &
« ſi les accusés ſuppoſent des ordres infâ-
« mes, on les punira quand on les croi-
« roit.

« Les amis du prince mourant, lui tou-
« chant la main, jurerent de périr ou de
« le venger ....

« Peu de temps après il expira, laiſsant
« dans la déſolation toute la province &
« les nations qui l'environnoient. Les
« étrangers & leurs rois le pleurerent :
« prince aimable pour les alliés, humain
« envers les ennemis, imprimant le reſpect
« par ſes diſcours & par ſa préſence ſeule ;

cat, si dédaigneux, est-elle moins satisfaite ? Interrogeons ceux à qui les préjugés de college ne font pas illusion, & qui ont acquis, par une étude réfléchie des grands modeles, le droit d'être difficiles : demandons-leur si les six dernieres lignes du passage de Cicéron, dans lesquelles il a employé un des plus beaux mouvements de l'art oratoire, sont plus nombreuses ; si elles excitent dans l'esprit des idées plus sombres, plus lugubres, que cette phrase de

---

« n'ayant de la grandeur suprême que la « dignité qui en fait le prix, & non la « hauteur qui la rend odieuse ». Tacit. Annal. lib. 2, cap. 71 & 72.

Tacite dont les mots ſe meuvent ſi lentement, & qui paroît même d'une longueur démeſurée : « Neque multo poſt extinguitur, ingenti luctu provinciæ, & circumjacentium populorum. Indoluere exteræ nationes regesque (14) » : demandons-leur ſi l'harmonie de ce morceau eſt moins parfaite & plus facile à rendre que celle de cette exclamation ſi pathétique : « Miſeremini familiæ, judices, &c.

Il ne s'agit pas de ſavoir ſi le

(14) « Peu de temps après il expira, laiſſant dans la déſolation toute la province & les nations qui l'environnoient. Les étrangers & leurs rois le pleurerent.

diſcours de Germanicus eſt plus ou moins beau que le paſsage de la peroraiſon pour Flaccus : il faudroit n'avoir ni équité, ni diſcernement, ni goût, pour blâmer Cicéron de n'avoir pas pensé auſſi profondément que Tacite, dans une circonſtance & dans une matiere où cette profondeur auroit été très déplacée. Nous ne comparons ici ces deux morceaux que par des qualités qui leur sont communes ; & nous oſons aſsurer que le paſsage de Tacite ſuffit pour prouver que ce grand Hiſtorien sait, quand il le veut, & toutes les fois que ſon ſujet l'exige, donner à ſon ſtyle le nombre

& l'harmonie qui caractérisent celui de Cicéron. Il en est de même de Séneque & de Pline, dont nous pourrions citer ici plusieurs passages où l'on retrouve toutes les beautés du style de l'Orateur romain.

C'est donc très injustement que Quintilien reproche à Séneque d'avoir corrompu le goût des jeunes gens de son temps. Quelle idée pourroit-on avoir du discernement de ce rhéteur, si on en jugeoit par cette critique ridicule, renouvellée de nos jours avec aussi peu de fondement contre Fontenelle ? car on l'accuse, ainsi que Séneque, d'avoir égaré une foule de jeunes auteurs qui, ſe flattant d'obtenir les mêmes éloges & la même célébrité, ont voulu prendre ſa maniere, imiter ſon ſtyle, & n'ont été que de mauvais copiſtes de l'une & de l'autre. Mais il ne faut regretter ni pour le ſiecle de Séneque ni pour le nôtre, la perte de ces écrivains. Il y a longtemps qu'on a prononcé ce juſte anathême contre tous les imitateurs en général; *ô imitatores, ſervum pecus!* Racine, il eſt vrai, crut devoir imiter Corneille. Avide de gloire, préſage heureux dans un jeune homme, & témoin des ſuccès de l'auteur de Cinna, il brûloit du deſir de les partager; ſon génie fut ſubjugué, entraîné même par un ſi grand exemple : mais il étoit jeune alors ; & cette eſpece d'enthouſiaſme pour un genre vers lequel la nature ne le portoit pas, dura peu : auſſi l'intervalle qui ſépare Alexandre d'Andromaque eſt-il immenſe ; c'eſt un pas de géant.

On n'imite point lorſqu'on peut créer : tous ceux qui, en quelque genre que ce ſoit, ſe traînent ſur les traces des autres, ſont incapables de ſe frayer une route nouvelle ; c'eſt un aveu tacite de leur foibleſſe : ils ne ſuivent que parcequ'ils ne peuvent pas précéder. Séneque & Fontenelle, pour parler ici ſelon les préjugés de Quintilien, n'ont égaré que ceux qui ſe seroient perdus ſans eux, & qui, n'ayant pas l'inſtrument avec lequel on marque dans la carriere des ſciences ou des lettres, étoient deſtinés par la nature à écrire ſans génie & à vivre ſans gloire. Avec un peu de tact & d'inſtinct, ils auroient ſenti que de tous les modeles, Séneque & Fontenelle étoient peut-être les plus difficiles à imiter. En effet, leur ſtyle a précisément le caractere de leur eſprit : tous les deux, fins, ſubtils, ingénieux & profonds, ſe diſtinguent par une maniere particuliere de dire les choſes, & de les peindre à l'imagination. Ils s'étoient fait en quelque sorte une langue à part, qui étoit celle de leurs idées, & dont ils ſemblent s'être réſervé le ſecret : ils ont ſur-tout le mérite ſi rare d'enviſager les ſujets les plus usés par des côtés qui leur sont propres, & ſur leſquels perſonne avant eux n'avoit jetté les yeux ; & de donner, par une expreſſion heureuſe & hardie, ou par un certain tour vif & original, les graces & la fraîcheur de la nouveauté à des pensées qui ſe rapprochent le plus des vérités communes & élémentaires ; talents qui ne s'acquierent pas plus qu'ils ne s'imitent.

On ne doit donc pas, sous prétexte que les ouvrages de Séneque & de Fontenelle ont fait, les uns à Rome, les autres à Paris, une multitude de froids imitateurs, accuſer ces philoſophes d'avoir corrompu le goût de leurs contemporains. Cent mauvaiſes copies d'un bon tableau ne prouvent rien contre l'excellence de l'original ; & les pieces fugitives de Voltaire & de Saint-Lambert ont plus accéléré les progrès de l'art & du goût, que toutes les mauvaiſes auxquelles elles ont donné naiſsance, & dont le nombre s'augmente tous les jours, ne peuvent les retarder.

Cette décadence du goût, déjà très ſenſible, ſelon les critiques, dans le ſiecle de Lucain, de Séneque, de Tacite, des deux Plines & de Quintilien, eſt donc purement imaginaire, & n'étoit pas même poſſible. Un phénomene de cette nature, & qui dépend du concours de tant de cauſes diverſes, n'arrive pas dans un intervalle de temps auſſi (15) court que celui qui ſépare le regne d'Auguſte du regne de Trajan; ſur-tout lorſque cet intervalle

(15) Auguſte eſt mort l'an 767 de la fondation de Rome; & le commencement du regne de Trajan eſt de l'an 852 de la même fondation: ce qui ne forme qu'un intervalle de 85 ans.

eſt rempli par une suite non interrompue d'hommes de génie, dont les ouvrages offrent, chacun dans ſon genre, les mêmes beautés, & sont ſouvent plus utiles par leur objet, que ceux des auteurs qui les ont précédés dans la même carriere.

Au lieu donc de ſuppoſer entre les écrivains de ces deux ſiecles également mémorables dans l'hiſtoire des ſciences & des lettres, une différence qui n'exiſte pas, les Commentateurs auroient dû en obſerver une qui paroît très réelle. C'eſt que les auteurs du ſiecle de Néron, de Domitien & de Trajan, ont beaucoup plus d'eſprit que ceux du ſiecle d'Auguſte. On ne lit point avec quelque attention Séneque, Tacite, les deux Plines, &c. ſans y remarquer une abondance, ou, ſi l'on veut, un luxe d'idées qui étonne : peut-être même ne sont-ils pas tout-à-fait exempts d'une sorte d'affectation ou d'empreſsement à montrer de l'eſprit & de la profondeur. Mais il me ſemble qu'à cet égard il eſt auſſi difficile de cacher ſa richeſse que ſon indigence. Si l'eſprit ne peut être, & n'eſt en effet, que le talent ou la faculté d'appercevoir entre les objets divers un plus grand nombre de rapports, de convenances ou de difconvenances, de déduire finement d'un principe général les conséquences les plus éloignées, & de lier plus de vérités entre elles, il eft évident que fur ce point, comme fur beaucoup d'autres, il vaut mieux pécher par excès que par défaut (16).

D'ailleurs, dans un fiecle où des hommes qui joignent à une grande pénétration une imagination vive & forte, s'occupent d'études férieufes, & fe tournent vers les matieres

(16) Il en eft de l'efprit comme de l'argent lorfqu'on eft avare : on n'en a jamais trop. Et c'eft encore ici un de ces cas où l'on peut dire avec le Mondain :

Le fuperflu, chofe fi nécefsaire.

de raiſonnement, ils entraînent, par leur exemple & par leur réputation, les bons & les mauvais écrivains de la nation : Poètes, Hiſtoriens, Littérateurs, Savants, tous veulent avoir beaucoup d'idées, tous veulent paroître ingénieux & profonds, tous enfin veulent briller & répandre une grande lumiere ; & ce deſir doit même ſe déceler dans leurs ouvrages, & rendre quelquefois ces écrivains un peu ſubtils. L'eſprit philoſophique, qui eſt le caractere dominant de notre ſiecle, & auquel nous devons les progrès rapides que les ſciences & les arts ont faits depuis cinquante ans, n'a-t-il pas une influence très marquée ſur les gens de lettres, & même ſur les gens du monde ? Ceux-ci mettent plus ou moins de philoſophie dans leur converſation ; ceux-là dans leurs diſcours & dans leurs livres : mais les uns & les autres, ſoit qu'ils parlent ou qu'ils écrivent, s'efforcent de prouver qu'ils en ont, & qu'aucunes des matieres qu'elle embraſse ne leur sont étrangeres ; parcequ'en fait de connoiſsances & de découvertes, il eſt auſſi humiliant d'être au-deſsous de ſon ſiecle, que dangereux de le devancer. L'homme de génie qui, s'élançant au-delà de la ſphere commune, oſe lever une partie du voile de la nature, & exposer le premier aux yeux encore foibles & peu exercés de ses contemporains, des vérités dont l'éclat les blesse ; & l'homme opiniâtre ou borné qui conserve au milieu de la société la plus éclairée les préjugés, l'ignorance & l'aveuglement de ses ancêtres, sont également déplacés. Ils sont dans la chaîne générale, sans pouvoir ni la suivre ni la mener. Ce sont, pour parler un moment ici la langue des naturalistes, deux individus solitaires & hétérogenes, dont on ne peut trouver les analogues vivants.

Il est donc vraisemblable que Séneque, Quintilien, Tacite, les deux Plines, &c. après avoir donné l'impulsion à leur siecle, ont pu la recevoir de lui. Soit que, le gouvernement militaire & presque absolu des Empereurs ne laissant plus comme autrefois l'administration des affaires publiques au pouvoir & à la discrétion des Orateurs, les Romains eussent négligé peu-à-peu l'étude de l'art oratoire, qui ne pouvoit plus les conduire aux honneurs ni à la fortune ; soit plutôt que les sciences & la philosophie, plus cultivées alors, eussent affoibli leur enthousiasme pour l'éloquence, que Montaigne appelle *une art piperesse*

& mensonge·e, & qui, de tous les genres de littérature, eſt en effet celui dont on ſe dégoûte le plus facilement en vieilliſsant; ſoit qu'ils ſentiſsent le beſoin d'appliquer les forces & l'activité de leur eſprit à des objets plus importants, qui, ſans exclure directement l'éloquence, ne sont pas de ſon reſsort; ſoit enfin que les ouvrages de Séneque, de Tacite, des deux Plines, euſsent rendu les Romains plus difficiles ſur le choix des pensées, & qu'à cet égard ils exigeaſsent davantage de ceux mêmes dont ils avoient plus obtenu, & qui étoient devenus pour eux des modeles de comparai-

ſon ; il eſt certain que tous les auteurs qui ont fleuri depuis Néron jusqu'à Trajan ont une maniere de voir, de juger, de ſentir & de s'exprimer, qui leur eſt propre, & qu'on peut regarder comme le réſultat néceſsaire de cette étendue de connoiſsances, de ces vues neuves & fines, & de cette ſupériorité de raiſon qui diſtinguent ces écrivains de ceux du ſiecle d'Auguſte.

Quelle que ſoit la cauſe de ce fait, dont les Commentateurs ne parlent pas, on n'en peut rien conclure contre la pureté du goût, du ſtyle & de la latinité de Séneque, de Quintilien, de Tacite, &c. ; &

c'eſt ce que les Critiques auroient ſans doute remarqué, ſi l'eſpece de ſagacité que ſuppoſe la reſtitution d'un mot ou d'un paſsage corrompu dans un Auteur ancien, n'étoit pas moins rare & moins utile que celle qui fait découvrir & déterminer avec préciſion les reſsemblances & les différences plus ou moins ſenſibles de certains ſiecles comparés entre eux, & les cauſes générales & particulieres, conſtantes & accidentelles des unes & des autres.

Au reſte, tous les défauts qu'on a reprochés à Séneque, & que l'ignorance ou la mauvaiſe foi ont ſi ſouvent exagérés, diſparoiſsent dans l'extrait que nous publions aujourd'hui, pour ne laiſser voir que des beautés du premier ordre : mais, malgré tant d'avantages, ceux qui ont lu Séneque (& quel eſt l'homme de lettres ou le Philoſophe à qui cet Auteur ne ſoit pas auſſi familier qu'Horace, Tacite & Montaigne ?) avoueront ſans peine qu'il en eſt de ſa morale ainſi rapprochée, en un mot, de ce recueil, comparé à l'original, comme des livres de Varron ſur les matieres de philoſophie, dont Cicéron portoit ce jugement ; qu'il en avoit dit aſsez pour en inſpirer le goût, mais non pas pour en donner la connoiſſance (17).

En effet, on n'a pu joindre aux différentes maximes ou réflexions dont on a fait choix, tous les développements que certaines idées, ſoit principales, ſoit acceſſoires, ou intermédiaires, ſemblent exiger, & qu'on trouve dans le texte, quelquefois même avec trop de luxe & de profuſion; on n'a pris, pour ainſi dire, que les (18) ſommités; on n'a préſenté que les réſultats, & l'on

(17) Philoſophiam multis locis inchoaſti ad impellendum ſatis, ad edocendum parùm. Cicer. Acad. Quæſt. lib. 1, cap. 3, edit. Davis.

(18) Summa ſequar faſtigia rerum. Virgil.

n'a pas craint de ſacrifier la nobleſse de la forme à la richeſse du fond. On doit donc s'attendre à des omiſſions plus ou moins importantes, mais inévitables, & même néceſsaires dans l'extrait d'un livre où le lecteur, forcé de juger entre un grand nombre de pensées, tantôt fines & délicates, tantôt fortes & profondes, quelquefois douces, toujours ingénieuſes & piquantes lors même qu'elles peuvent être conteſtées, ne sait ſouvent ni celles qu'il doit rejetter ni celles qu'il doit choiſir (19).

---

(19) Nimia voluptatis copia turbatus, fruendi laborarem inopia. Apuleii Meta-

Ceux qui ont traité de paradoxe la préférence que nous avons donnée (20) ailleurs à Séneque, considéré seulement comme moraliste, comme penseur, en un mot comme philosophe, sur Cicéron, trouveront peut-être cette assertion moins hasardée, s'ils veulent lire avec attention cet abrégé de sa morale, & former ensuite, d'après les ouvrages de l'Orateur romain, un recueil qui réponde à l'importance de celui-ci. Cette maniere de résoudre la question nous paroît la plus simple, &

---

morph. lib. 5, p. 105, edit. Pricæi, Goudæ, 1650.

(20) Voyez l'avertissement de l'Editeur

par conséquent la meilleure : ce sera même la ſeule réponſe que nous oppoſerons à leurs objections, où ils auroient mis ſans doute moins d'aigreur & plus de ſolidité, s'il étoit auſſi facile de faire un bon raiſonnement que de dire des injures.

Une réflexion affligeante qu'on a ſouvent occaſion de faire en parcourant l'hiſtoire des hommes célebres, c'eſt qu'ils ont eu dans tous les temps, & chez tous les peuples,

à la tête du premier volume des Œuvres de Séneque, traduites par M. la Grange, p. 14, 15 & ſuiv. & joignez-y une longue note ſur la vie de Séneque, où je diſcute encore la même queſtion, pag. 497, note 458.

une deſtinée commune. On les a traités comme ce (21) vertueux Romain que ſes ennemis jugerent digne d'une nouvelle accuſation, par cela même qu'il n'avoit pas ſuccombé à la premiere. Ceux qui ne peuvent pardonner à Séneque d'avoir été un grand homme, s'en vengent en attaquant ſa probité : ce n'eſt plus l'auteur qu'ils persécutent, ils ont perdu depuis long-temps l'eſpérance de nuire à ſa gloire, & ils le laiſsent repoſer en paix à l'ombre de ſes lau-

(21) Il s'agit ici de Quintus Scævola. Cicéron, de qui j'emprunte ce fait, nous a conſervé les propres paroles de l'accuſateur de ce grand homme. Elles sont auſſi remarquables par la hardieſse & la ſingularité de

riers ; c'eſt ſon caractere moral ſur lequel ils épuiſent aujourd'hui tous les traits de leur malignité ; ils rendent juſtice à ſes talents, moins par égard pour ſa réputation, que pour avoir l'air de diſpenſer la louange & le blâme avec la même impartialité : tant il eſt vrai que l'eſtime eſt un ſentiment pénible pour la plupart des hommes, & celui qu'ils accordent le plus difficilement, ſur-tout à ce qu'ils sont forcés d'admirer !

---

l'expreſſion, que par l'impudence de l'aveu du calomniateur.

Cùm ab eo quæreretur quid tandem accuſaturus eſset eum quem pro dignitate ne laudare quidem quiſquam ſatis com-

Ce progrès des méchants dans l'art de nuire l'auroit plus affligé que surpris; il avoit prévu ces derniers efforts de la haine & de l'envie, comme on le voit par divers passages de ses écrits; & c'est à lui qu'on peut appliquer ces vers charmants de Voltaire, dont le sort à cet égard n'a pas été plus heureux :

Pour domter la critique on dit qu'il faut mourir :
On se trompe; & sa dent, qui ne peut s'assouvir,
Jusque dans le tombeau ronge notre mémoire.

Notre dessein n'est pas de réfuter

---

modè posset, aiunt hominem (ut erat furiosus) respondisse, quod non totum telum corpore recepisset. Apud Ciceron. Orat. pro Sexto Roscio Amerin. cap. 12, edit. Græyii.

ici les imputations calomnieuſes de ces hommes pervers, aſsez malheureuſement nés pour haïr dans les autres les vertus qu'ils n'ont pas, & qui, pour me ſervir de la comparaiſon ingénieuſe d'un auteur moderne, craignent les gens de bien, comme les voleurs de nuit craignent les réverberes : nous nous contenterons d'obſerver qu'il eſt difficile de porter plus loin que Séneque l'amour de l'ordre & de la vertu, la haine (22) du vice & de la tyran-

(22) Quintilien, ennemi ſecret de Séneque dont la gloire éclipſoit la ſienne, lui rend néanmoins cette juſtice : que perſonne n'a montré une plus violente horreur du vice. Egregius tamen vitiorum

nie, la (23) bienfaiſance & la paſſion du bien public ; que ſa vie, quelle que ſoit l'époque où l'on s'arrête, offre, sous différents points de vue, un grand nombre d'actions utiles, & par conséquent moralement bonnes, car l'utilité eſt la meſure commune du bon comme du beau ; enfin que jamais homme n'a

---

inſectator fuit. Inſtit. orator. lib 10, cap. 1, num. 129, edit. Geſner. Lipſ. 1738.

Voyez ſur tout ceci la vie de Séneque par M. Diderot, ouvrage plein d'idées, de raiſon, de philoſophie, & où l'on trouve empreint à chaque page un grand caractere d'honnêteté qui ajoute encore à l'intérêt de ce livre, & au plaiſir qu'on éprouve en le liſant.

(23) L'autorité que nous allons citer ne

su se rendre heureux d'une maniere plus conforme au bonheur des autres, ce qui ſuffiroit ſeul pour lui donner des droits à l'eſtime générale.

---

peut être ſuſpecte : c'eſt celle d'un Poète ſatirique plein de fiel & d'humeur, mais honnête & juſte, reſpectant la vertu partout où il la trouvoit, pourſuivant le vice juſque ſur le trône, & dont la plume n'a jamais été redoutable qu'aux méchants. Voici le témoignage public qu'il rend à la bienfaiſance de Séneque, dont il étoit le contemporain. « On n'exige point de toi « des préſents tels qu'en faiſoient à leurs « moindres amis un Séneque, un Cotta, « & Piſon le bienfaiſant : la gloire de « donner l'emportoit alors ſur les titres & « les faiſceaux. »

Nemo petit, modicis quæ mittebantur amicis

Ce ne sont pas ſeulement quelques faits particuliers, obſcurs & iſolés, qui prouvent que Séneque étoit bon (24), ſenſible, humain, généreux; c'eſt la teneur entiere

---

A Seneca, quæ Piſo bonus, quæ Cotta ſolebat
Largiri; namque & titulis & faſcibus olim
Major habebatur donandi gloria.

J'ai ſuivi la traduction de M. Duſaulx. Voyez Juvénal, ſatir. 5, vers 108 & ſuiv.

(24) Je me rappelle ici un paſſage d'une de ſes lettres, que je vais rapporter, moins dans l'eſpérance de forcer ſes détracteurs au ſilence, que dans le deſſein de confirmer les honnêtes gens dans leur eſtime pour ce grand homme, & dans leur juſte mépris pour ceux qui déchirent ſa mémoire. « Dans l'extrême maigreur qui fut la suite « d'une longue maladie, dit-il, j'eus plu-

de (25) sa vie. On voit sur-tout, par une foule de détails précieux & intéressants de ses mœurs privées, que ces qualités si estimables, source d'une multitude d'instants délicieux qui sont perdus pour les hommes

---

« sieurs fois la tentation de rompre avec « la vie ; je fus retenu par la vieillesse d'un « pere qui m'aimoit tendrement ; je son- « geai moins à la force que j'avois pour « me donner la mort, qu'à celle qui lui « manquoit pour en supporter la douleur. « J'ai donc gagné sur moi que je vivrois : « il y a quelquefois du courage à vivre. »

Ce qui suit n'est pas moins beau. On aime à voir Séneque épancher ainsi son cœur dans le sein de son ami. Ces paroles d'une simplicité si touchante, & qu'on ne lit point sans attendrissement, sont le pre-

froids ou méchants, étoient en lui, non l'effet des principes & des austeres leçons de sa secte, toujours inutiles quand elles luttent contre la nature, mais des vertus de tempérament, fortifiées ensuite par la réflexion, & qui étoient même deve-

---

mier mouvement d'une ame honnête & douce qui s'abandonne, & se laisse voir toute entiere. On pourroit citer cent autres passages de ses lettres, où l'on retrouve le même caractere de bonté. Voyez surtout l'épître 104, où il parle de sa santé & de la tendresse inquiete de sa femme Pauline pour lui : rien n'est plus intéressant que ce qu'il dit à ce sujet.

(25) Le vrai miroir de nos discours est le cours de nos vies, dit Montaigne. Essais, liv. 1, chap. 25.

nues pour lui un beſoin, comme toutes les fortes habitudes.

Une autre obſervation non moins importante, & qui prouveroit encore en faveur de Séneque, quand on n'auroit pas d'ailleurs des témoignages auſſi inconteſtables de la bonté de ſon cœur, c'eſt qu'on peut établir comme une regle générale, & qui ſouffre même très peu d'exceptions, que les hommes qui ont le plus travaillé à cultiver leur eſprit, à rectifier leur jugement, & dont la recherche de la vérité a été l'occupation la plus conſtante & la paſſion la plus forte, sont en même temps ceux dont la probité eſt la plus sévere & la morale pratique la plus pure, parceque plus on a de lumieres, mieux on connoît l'importance & l'étendue de ſes devoirs, & plus on ſent, pour soi-même & pour les autres, la néceſſité de les remplir. Mettez d'un côté de la balance les avantages & les inconvénients du vice ; de l'autre, le calme & la sécurité de la vertu, les jouiſsances qu'elle procure, les maux qu'elle épargne, ceux dont elle adoucit l'amertume ; appréciez l'eſtime des autres & celle de soi-même tout ce qu'elles valent ; & vous serez convaincu que, pour être heureux dans ce monde, on n'a rien de mieux à faire que d'être un homme de bien. Montaigne, dont le livre absolument neuf & original (26), soit qu'on en considere la plupart des pensées, le style & le sujet, n'a été entendu, apprécié & senti que dans ce siecle; Montaigne, qui avoit tout vu, & qui a presque tout dit en morale, vient ici à l'appui de notre sentiment. « Quand pour sa « droiture je ne suyvrois le droit

(26) C'est à-peu-près le jugement que Montaigne porte lui-même de ses Esfais. « Me trouvant, dit-il, entierement des-« pourveu & vuide de toute autre matiere, « je me suis présenté moi-mesme à moi « pour argument & pour subject. C'est le « seul livre au monde de son espece, &

« chemin (27), dit-il, je le ſuyvrois « pour avoir trouvé par expérience « qu'au bout du compte c'eſt com- « munément le plus heureux & le « plus utile ». Lorſque Hobbes a défini le méchant (28) un enfant robuſte, il a exprimé d'une maniere vive, énergique & préciſe, une des plus profondes idées que l'eſprit humain ait jamais conçues. Qu'eſt-ce en effet que le méchant, ſinon un

---

« d'un deſsein farouche & extravagant. » Eſsais, liv. 2, chap. 8.

(27) Eſsais, liv. 2, chap. 16.

(28) « Malus, puer robuſtus, vel vir animo puerili ». Ligne ſublime, & qui ne pouvoit être écrite que par un homme de génie. Voyez Hobbes, DE CIVE, præfat. ad lector. fol. 6, edit. Elzevir. Amſt. 1647.

homme dont le corps eſt dans toute ſa force, & dont les facultés intellectuelles sont reſtées dans l'enfance. Or, comme l'obſerve judicieuſement un Philoſophe qui a très bien développé la penſée de Hobbes, & qui en a vu la tendance, « la méchanceté eſt d'autant plus grande « que la raiſon eſt foible, & que « les paſſions sont fortes. Suppoſez « qu'un enfant eût à ſix ſemaines « l'imbécillité du jugement de ſon « âge, & les paſſions & la force « d'un homme de quarante ans, il « eſt certain qu'il frappera ſon pere, « qu'il violera ſa mere, qu'il étran- « glera ſa nourrice, & qu'il n y aura

« nulle sécurité pour tout ce qui « l'approchera. Donc la définition « de Hobbes eſt fauſſe, ou l'hom- « me devient meilleur à meſure « qu'il s'inſtruit. »

Si Rouſseau, qui ne voit preſque jamais qu'un côté de l'objet, n'a point entendu (29) cette définition, qu'on peut regarder comme une de ces maximes générales qui ont toute l'évidence des premiers principes; s'il n'a pas même apperçu la conſéquence importante qui en découle néceſſairement, & qui lui auroit

(29) Il ſuffit, pour s'en convaincre, de comparer les feuillets 5 & 6 de la préface du Traité DE CIVE, dont j'ai rapporté un

épargné cette longue suite de ſophiſmes dont il s'eſt ſervi pour prouver que les ſciences & les arts ont corrompu les mœurs ; c'eſt un défaut de logique trop commun dans ſes ouvrages pour qu'il doive cauſer ici la plus légere ſurpriſe. Mais on peut être étonné que par négligence, ou par une indifférence pour la vérité, très déplacée & très difficile à excuſer dans un homme qui en étoit

---

paſsage dans la note précédente, avec les pages 56 & 57 de la premiere partie du Diſcours ſur l'inégalité : c'eſt alors qu'on sera ſurpris de trouver dans cet ouvrage, rempli d'ailleurs de paradoxes, une analyſe incomplete & ſur-tout très infidele des principes de Hobbes. Parmi les différentes

le défenſeur par état, il ait fait dire à Hobbes préciſément le contraire de ce qu'il a dit, & qu'il lui ait même imputé ſur d'autres points diverſes aſsertions dont on ne trouve pas un mot dans ſon livre. Cette inexacti-tude eſt d'autant plus blâmable, que le Philoſophe de Malmesbury, tou-jours d'accord avec lui-même, tou-jours conséquent, même dans ſes erreurs, & dont les principes ſtric-

opinions qu'on lui attribue dans cette analyſe, il en eſt peu qui lui appartiennent; & celles-là même sont ſi étrangement défigurées, ſi altérées, ſi obſcurcies, par la maniere dont elles sont préſentées, qu'on a beaucoup de peine à les reconnoître & à en ſuivre la trace dans le livre de Hobbes.

tement enchaînés montrent bien une autre profondeur, une autre logique, une autre force de tête que les idées vagues, ſouvent fauſses, & toujours mal liées du citoyen de Geneve, avoit pris toutes les précautions néceſsaires pour être entendu, pour écarter les équivoques ſi difficiles à éviter dans les matieres abſtraites, & pour ne laiſser aucun lieu à de fauſses interprétations.

Séneque, obſervateur plus exact & meilleur logicien, a très bien vu que la vertu n'eſt pas un préſent de la nature. « C'eſt un art, dit-il, que « de devenir vertueux. Les premiers « hommes ne l'étoient que par l'i-

« gnorance du mal ; mais il y a une
« grande différence entre ne vouloir
« pas le mal & ne ſavoir pas le faire.
« La vertu n'entre que dans une ame
« cultivée, éclairée, perfectionnée
« par un exercice continuel. Nous
« naiſsons pour elle, mais non pas
« avec elle. Les hommes les plus
« heureuſement nés ont, avant
« l'inſtruction, des diſpoſitions à
« la vertu, mais ne sont pas ver-
« tueux. »

Il ne faut ni une grande pénétration ni des connoiſsances fort étendues pour trouver dans cette réflexion de Séneque un caractere d'évidence & de vérité que n'a point l'aſsertion de Rouſseau, qui prétend que l'homme eſt *naturellement* bon; ſuppoſition auſſi fauſse que celle qui feroit l'homme *naturellement* méchant. En effet, il seroit auſſi abſurde d'appeller bonté ou méchanceté naturelle cette puiſsance ou aptitude particuliere & purement organique de la portion qui ſent, ou de l'animal, à ſe mouvoir plutôt d'une maniere que d'une autre; aptitude antérieure au développement des lumieres, & auſſi involontaire, auſſi méchanique, auſſi indépendante de ſon conſentement & de la portion qui réfléchit & penſe, que le mouvement du cœur

& des arteres : il seroit, dis-je, aussi ridicule d'appeller bonté ou méchanceté cette propriété de la machine dans tel ou tel individu, qu'il seroit absurde de donner ce nom à ce desir ou à cette aversion naturelle qu'on a pour certains objets par une suite de la conformation des organes, & qui porte à s'approcher ou à s'éloigner de ces objets par un mouvement qui, dans l'un ou l'autre cas, n'a été ni voulu ni réfléchi.

Ce principe de Rousseau sur la bonté naturelle de l'homme, principe auquel il revient sans cesse, dont il a fait la base de son traité, ou plutôt de ſon roman (30) ſur l'éducation, & qu'on retrouve même dans ſon Contrat ſocial, eſt une idée purement platonicienne, fruit d'une imagination exaltée, & qui, ſemblable aux ſonges d'un malade, ne préſente que des fantômes vains (31). Les erreurs graves & fréquentes où ce principe l'a entraîné, prouvent qu'il avoit commencé trop tard à méditer & à écrire ſur des ma-

(30) Voyez entre autres la premiere phraſe de l'Emile.

(31) Credite, Piſones, iſti tabulæ fore librum
Perſimilem, cujus, velut ægri ſomnia, vanæ
Fingentur ſpecies.

HORAT. DE ART. POET. verſ 6 & ſeq.

tieres abſtraites & qui exigent ſouvent une métaphyſique très fine & très déliée, pour avoir en philoſophie ſpéculative des idées bien réfléchies (32) & bien arrêtées. Rouſseau nous paroît avoir avec un des auteurs les plus célebres de ce ſiecle ce rapport remarquable, que l'on peut citer l'un comme l'exemple le plus frappant des inconvénients de l'eſprit de ſyſtême en politique &

---

(32) C'eſt la ſource de tant de mauvais raiſonnements qui déparent la premiere partie de la Profeſſion de foi du Vicaire Savoyard, où il propoſe avec la plus grande confiance des objections d'enfant, & qui n'effleurent pas même le ſyſtême contre lequel elles ſont dirigées.

en morale, & l'autre comme une des preuves les plus fortes qu'il n'égare pas moins en physique & en histoire naturelle. Ce n'est pas que dans toute espece de science il ne faille toujours commencer par une idée systématique, mais c'est ensuite à l'expérience à l'étayer, à lui donner un fondement solide, à en constater la vérité, en faisant voir que la théorie est, presque dans tous les cas connus ou supposés, d'accord avec les phénomenes; enfin à la ranger dans la classe déjà trop nombreuse des hypotheses, ou même à la détruire entièrement. L'esprit de système vraiment nuisible aux progrès de la raiſon eſt celui qui fait négliger l'expérience & l'obſervation pour inventer des théories plus ou moins ingénieuſes, ſans avoir aſsez de faits, ou ſans s'inquiéter ſi ceux qui sont déjà connus ou conſtatés confirment ou renverſent les ſuppoſitions dont on eſt parti.

On peut conclure, ce me ſemble, de cette diſcuſſion, où l'autorité impoſante de Rouſseau nous a forcés de nous engager, que la définition du méchant rapportée ci-deſsus, & ſi vainement combattue dans le Diſcours ſur l'inégalité, donne une nouvelle force à notre opi-

nion ſur la liaiſon néceſsaire des lumieres & de la vertu. Il faut néanmoins avouer que l'étude & la philoſophie ne détruiſent point les paſſions ; mais elles les temperent, elles en reglent l'uſage, & les empêchent de franchir la limite invariable & ſacrée de nos devoirs, ainſi que l'obſerve judicieuſement Plutarque.
« Le plus grand fruict, dit-il, que
« les hommes rapportent de la doul-
« ceur & benignité des muſes, c'eſt-
« à-dire de la cognoiſsance des bon-
« nes lettres, c'eſt qu'ils en domp-
« tent & addoulciſsent leur nature,
« qui eſtoit auparavant ſauvage &
« farouche, trouvant, avec le com-

« pas de la raiſon, le moyen, & « rejettant le trop (33) ». Un autre Auteur, dont le ſuffrage eſt auſſi d'un grand poids dans cette matiere, dit expreſsément que « c'eſt l'ou- « vrage de la raiſon & de la diſcipli- « ne d'engendrer le ſoing de bien « faire, & que le vice eſt principale- « ment produit par beſtiſe & igno- « rance (34) ». Cela eſt d'autant plus vrai, que les méchants ne sont, comme nous l'avons remarqué ailleurs, que de mauvais calculateurs :

(33) Plutarch. in Coriolan. pag. 214. B. opp. tom. 1, edit. Pariſ. 1624.

(34) Montaigne, Eſsais, liv. 3, chap. 2, & liv. 2, chap. 15. Voyez encore, liv. 2,

un cœur droit ſuppoſe toujours un eſprit juſte; il y a entre ces qualités une liaiſon naturelle, &, pour ainſi dire, une conſéquence ſi néceſsaire de l'une à l'autre, que s'il n'y avoit point d'eſprits faux, il n'y auroit point de méchants, ſi ce n'eſt peut-être quelques individus, tels que Néron ou Commode, dont la perverſité naturelle (35) réſiſte à toute

---

chap. 17, où, après avoir dit qu'Eſtienne de la Boëtie eſtoit vrayement un' ame pleine & qui monſtroit un beau viſage à tout ſens, un' ame à la vieille marque, il obſerve qu'il avoit beaucoup adjouſté à ce riche naturel, par ſcience & eſtude.

(35) Entendez ce mot dans le ſens exact & précis où nous l'avons employé ci-deſsus, pag. 102 & 103, & non dans celui que

eſpece d'inſtruction, que l'éducation, les bons exemples & les circonſtances peuvent modifier juſqu'à un certain point (36) & pour un temps, mais qui, abandonnés enfin à leur caractere, & libres de la honte & de la crainte, deviennent plus féroces, & ſe précipitent ſans réſerve dans le crime & dans l'infamie.

Rouſseau lui donne, & que nous réfutons là même.

(36) C'eſt à-peu-près ce que dit Tacite dans ce beau paſsage de ſes Annales où il nous peint les mœurs de Tibere différentes ſuivant les temps, prenant ſucceſſivement une teinte de ſcélérateſse plus marquée, ſelon que la loi impérieuſe du moment & de l'intérêt perſonnel qui commande plus

Mais en ſuppoſant, contre l'expérience & l'obſervation, qu'un homme ignorant, & ſans autre regle de conduite que cette premiere impulſion, ce penchant machinal vers le bien, qui tient à la diſpoſition naturelle des organes, qui précede toute connoiſſance & toute réflexion, & dont le degré de force

---

tyranniquement aux Princes qu'aux autres hommes, ſe faiſoit plus fortement entendre; & enfin tellement dépravées, lorſqu'il n'eut plus aucune raiſon de diſſimuler, & de cacher ſous les dehors d'une modération apparente ſon caractere atroce, que dès ce moment on ne voit plus en lui qu'un monſtre de débauche & de cruauté.

Morum quoque tempora illi diverſa: egregium vitâ famâque, quoad privatus,

ou de foiblesse fait qu'on est heureusement ou malheureusement né; en supposant, dis-je, qu'un tel homme puisse être aussi bon, aussi honnête, aussi vertueux qu'un homme très instruit & très éclairé, il n'en est pas moins vrai que les bonnes qualités du premier ne peuvent jamais être aussi avantageuses à la so-

vel in imperiis sub Augusto fuit; occultum ac subdolum fingendis virtutibus, donec Germanicus ac Drusus superfuêre : idem inter bona malaque mixtus, incolumi matre; intestabilis sævitiâ, sed obtectis libidinibus, dum Sejanum dilexit timuitve; postremò in scelera simul ac dedecora prorupit, postquam, remoto pudore & metu, suo tantùm ingenio utebatur. Tacit. Annal. lib. VI, cap. 51.

ciété, ni contribuer autant à ſon bonheur propre & individuel, que celles de l'homme qui, toutes choſes égales d'ailleurs, a de plus des lumieres & de l'inſtruction. « Quand « on eſt vertueux par haſard, dit « très bien Séneque, on n'eſt point « sûr qu'on le sera toujours. En ſup- « poſant même qu'un tel homme « faſſe ce qu'il doit, il ne le fera pas « continuellement, il ne le fera pas « également, parcequ'il ne connoît « pas les motifs qui le déterminent « à agir ainſi. Le haſard, l'habitu- « de, tireront de lui quelque action « honnête; mais il n'aura rien qui « l'aſsure que ce qu'il a fait eſt hon-

« nête. Ajoutez que, dans cet état,
« quand on fait bien, c'eſt ſans le
« ſavoir. Si l'ame n'a reçu de la na-
« ture les plus excellentes diſpoſi-
« tions, ſi elle n'a été enſuite éclai-
« rée par les lumieres de la raiſon
« toute entiere, elle ne peut ſuffire
« à tous les détails d'une action;
« elle ne ſaura pas quand, juſqu'où,
« avec qui, de quelle maniere il
« faut la faire : elle ne marchera
« donc jamais vers la vertu avec
« tous ſes efforts réunis; elle ne s'y
« portera pas même avec plaiſir &
« persévérance; elle regardera en ar-
« riere; elle s'arrêtera ſur la route ».
En effet, il ne s'agit pas ſeulement

d'être bon, d'aimer le bien & de le faire, il faut encore que ce ſoit à propos (37), & avec diſcernement; il faut ſavoir le rendre utile par le choix du moment & de la circonſtance, par le talent de faire naître des occaſions favorables & d'écarter les obſtacles, & par cet art ſi rare & ſi néceſſaire de préparer les eſprits, même pour les meilleures choſes; « Etenim plurimum refert

---

(37) Grégoire de Nazianze dit que les choſes les plus belles & les plus honnêtes ceſsent de l'être quand on ne les fait pas comme il faut; & que, pour les faire comme il convient, il faut qu'elles ſoient faites en leur temps. Orat. 33, ſeu 1, de Theol. adverſus Eunomianum : operum tom. 1,

« in quæ cujuſque virtus tempora « inciderit (38) ». Il importe ſurtout de n'être ni plus ſage ni meilleur qu'il ne faut. « La ſageſſe eſt « un maniement réglé de noſtre « ame, & qu'elle conduit avec me- « ſure & proportion, & s'en reſ- « pond. L'archer qui outrepaſse le « blanc fault comme celui qui n'y « arrive pas (39) ». Enfin tout, juſqu'au bien même, a ſa limite; &

---

p. 531, C. D. edit. Coloniæ, ſeu Lipſiæ, 1690.

(38) C'eſt ce que Metellus diſoit de Scipion l'Africain, apud Plin. Nat. Hiſt. l. 7, cap. 28, p. 391, edit. Harduin.

(39) Montaigne, Eſſais, liv. 2, chap. 2; & liv. 1, chap. 29.

cette limite ſi difficile à fixer, il n'y a que l'homme éclairé qui la connoiſse; lui ſeul a droit de la poſer. Faire le mieux lorſque le bien ſuffit, c'eſt s'expoſer à faire le mal; & c'eſt ce qui arrive ſouvent à ceux qui ont beaucoup de zele & peu de lumieres: ils ne ſavent communément ni d'où il faut partir ni où il faut s'arrêter; ils ignorent ſur-tout ce principe de morale ſi fécond & ſi vrai, que la moitié eſt ſouvent plus que le (40) tout, & qu'il eſt des cas & des circonſtances où c'eſt paſser le but que de l'atteindre.

(40) Stulti, neque ſciunt quantò plus dimidium sit toto. Heſiodis Opera & dies,

D'ailleurs, les illuſions des paſſions auxquelles ils sont d'autant plus exposés qu'ils ont moins obſervé & moins réfléchi ; les préjugés de toute eſpece qui corrompent leur jugement, & l'inclinent preſque toujours du mauvais côté ; un reſpect aveugle & ſuperſtiticux pour les opinions reçues, très propre à éterniſer les erreurs les plus funeſtes ; une indifférence pour des vérités d'un certain ordre, dont la connoiſsance & la liaiſon exigeroient un degré d'application au-deſsus de leurs forces : tout cela

verſ. 40, edit. Robinſon, Oxoniæ è Theatro Sheldon. 1737.

réuni rend souvent inutiles, & quelquefois nuisibles, leur amour pour le bien en général, & leurs vertus mêmes ; de sorte qu'on pourroit dire que la bonté est pour eux, comme le bonheur pour des joueurs mal habiles, un bon instrument dont ils ne savent pas se servir. (41)

Ce n'est point par les vaines déclamations de quelques Sophistes éloquents, qu'il faut juger des effets de l'ignorance. Pour savoir à quel point elle est dangereuse, il faut examiner son influence sur un Souverain, sur un Ministre, sur un

---

(41) On pourroit leur appliquer ce qu'un ancien Historien a dit de Sertorius : Vir

Magiſtrat, ou même ſur un ſimple Particulier. En ſuppoſant, ſi l'on veut, non pas qu'ils ſoient nés bons, car l'homme ne naît ni bon ni méchant, mais qu'ils ſoient organisés de maniere à trouver plus de plaiſir dans les choſes honnêtes, comme on contracte plus facilement certaines habitudes, il y aura néceſsairement mille circonſtances où, avec les intentions les plus droites, avec le deſir le plus vif de faire le bien, ils cauſeront les plus grands maux, chacun dans ſon état, & ſelon l'étendue de ſon pouvoir ; &

ſummæ quidem ſed calamitoſæ virtutis. Florus, lib. 3, cap. 22.

où leur bonté, leur vertu même, devenue une ſource féconde de désordres, aura tous les inconvénients du vice & de la méchanceté. C'eſt dans ces idées que la Rochefoucauld (42) diſoit ſi bien : « Un ſot « n'a pas aſsez d'étoffe pour être « bon ». En ſubſtituant à l'épithete de ſot celle d'ignorant, il eût peut-être donné à ſa pensée un tour moins vif & moins original; mais, ſi je ne me trompe, elle eût été encore plus vraie.

Sans nous arrêter plus long-temps

---

(42) Voyez les Maximes de la Rochefoucauld, article 409 de la nouvelle édition.

ſur cette queſtion importante, dont l'examen demanderoit ſeul un ouvrage à part, les réflexions qu'on vient de lire ſuffiſent pour prouver que les hommes sont d'autant meilleurs qu'ils sont plus éclairés; que la méchanceté eſt moins un vice du cœur qu'un vice de l'eſprit; que les hommes sont méchants, précisément par la même raiſon qu'ils sont crédules & ſuperſtitieux, parcequ'ils sont ignorants & mauvais logiciens; enfin qu'il leur importe également à tous (43) d'être inſtruits, mais que

(43) On trouve dans l'Hiſtoire un fait qui prouve bien le pouvoir & les avantages d'une bonne inſtitution. Philopoemen

les lumieres & les connoiſsances sont ſur-tout néceſſaires (44) à cette claſse particuliere d'individus dont l'éducation toujours négligée, & trop ſouvent mauvaiſe, a fait dire à un ancien ce mot ſans

---

ayant vaincu les Lacédémoniens, les contraignit d'abandonner la maniere d'élever leurs enfants, & les força de prendre la méthode des Achéens, parcequ'il voyoit bien, dit Plutarque, qu'ils auroient toujours l'ame grande & le cœur haut, tant qu'ils obſerveroient les ordonnances de Lycurgue. Voyez Plutarque, Vie de Philopoemen, opp. tom. 1, pag. 365. E. F. edit. Pariſ. 1624.

(44) C'eſt à l'ignorance & à la ſuperſtition qu'il faut attribuer la défaite des Athéniens devant Syracuſe. Au moment où leur flotte étoit prête à faire voile pour

doute exagéré : « qu'on pourroit « graver les noms & les portraits de « tous les bons Princes ſur un an- « neau (45) ».

Nous avons cru devoir conſacrer ici quelques lignes à l'apologie des

retourner en Grece, la lune s'éclipſa. Nicias, qui commandoit l'armée, au lieu de profiter d'une occaſion ſi favorable de faire ſa retraite à l'inſu des ennemis, fit différer le départ, laiſsa paſser toute une révolution du cours entier de la lune, & employa ce temps à faire des ſacrifices aux Dieux ; ce qui cauſa la ruine de la flotte. Voyez Plutarque, in Niciâ, pag. 538, 539, edit. cit. ubi ſup.

(45) Vides quæſo quàm pauci sint principes boni, ut bene dictum sit a quodam mimico ſcurra Claudii, hujus temporibus, in uno anulo bonos principes poſse per-

ſciences & des lettres, & à la défenſe d'un homme dont elles ont fait conſtamment les délices, & qui leur doit toute ſa réputation. C'eſt à ſon ardeur opiniâtre pour (46) l'étude, au soin qu'il avoit pris dès ſa jeuneſse d'exercer ſon eſprit par la lecture & la méditation, à ce deſir de la gloire, la derniere paſſion qui

ſcribi atque depingi. Vopiſcus, in Aurel. cap. 42.

(46) Il nous apprend lui-même qu'il ne paſsoit pas une ſeule journée oiſive. « Je « donne à l'étude une bonne partie de la « nuit, dit-il; je ne me livre pas au ſom-« meil, j'y ſuccombe; je ſens mes yeux ap-« peſantis, comme prêts à tomber de leurs « orbites, ſans ceſser de les tenir attachés « ſur l'ouvrage. Je me suis ſéparé de la ſo-

s'éteint chez les sages mêmes, ſelon Tacite (47), & ſans lequel on ne fait rien de bon, d'utile & de grand dans aucun genre, qu'il devoit la connoiſsance approfondie des rapports néceſsaires qui ſubſiſtent entre les hommes, & des devoirs qu'ils impoſent. « La Nature, « dit-il, en nous formant des mêmes

---

« ciété, & j'ai renoncé à toutes les diſtrac-
« tions de la vie. Je m'occupe de nos ne-
« veux; je médite quelque choſe qui me
« ſurvivra, & qui leur ſoit ſalutaire; ce
« sont des eſpeces de recettes contre leurs
« infirmités ». Séneque, Epît. 8.

(47) Etiam ſapientibus cupido gloriæ novisſima exuitur. Tacit. Hiſt. l. 4, c. 5, in fine.

« principes, & pour la même fin, « nous a rendus freres : c'eſt elle qui « nous a inſpiré une bienveillance « mutuelle, & qui eſt la cauſe de « notre ſociabilité ; c'eſt elle qui a « établi la juſtice & l'équité ; c'eſt « en vertu de ſes loix qu'il eſt plus « malheureux de faire du mal que « d'en recevoir ; c'eſt elle qui nous « a donné deux bras pour aider « nos ſemblables. Ayons donc tou- « jours dans le cœur & dans la « bouche ce vers de Térence : Je « suis homme, & rien de ce qui in- « téreſse l'humanité ne m'eſt indif- « férent. Nous avons une naiſsance « commune : notre ſociété reſsem-

« ble aux pierres des voûtes, dont « l'obſtacle mutuel fait le ſupport. »

Séneque s'étoit élevé par ſes réflexions, par une juſteſſe d'eſprit peu commune, & par le talent non moins rare de généraliſer ſes idées, à cette théorie ſi ſimple & ſi vraie qui fonde la morale ſur la nature de l'homme qui ne change point, ſur ſes beſoins & ſes plaiſirs phyſiques qui ſont les mêmes dans tous les lieux, dans tous les temps & pour tous les individus, & ſur ſes relations ſociales. Les préceptes de cette morale douce, pure, & qui convient ſi bien à des êtres foibles & remplis d'imperfections, sont répandus dans ſes ouvrages, & les exemples en sont conſignés dans ſa vie. Comme le ſtoïciſme, ainſi que je l'ai dit (48) ailleurs, eſt une pure affaire de tempérament, de caractere, en un mot, d'organiſation; ces cauſes ſi puiſſantes, d'où dépendent preſque entièrement nos vices & nos vertus, qui font de tel ou tel homme un ſtupide ou un homme de génie, contre leſquelles l'éducation lutte toujours en vain, & qui diſpoſent de nous dans tous les inſtants de notre vie, ont dû néceſſairement influer ſur le jugement que quel-

(48) Voyez le Diſcours Préliminaire ſur le Manuel d'Epictete.

ques Philoſophes anciens & modernes ont porté de ce beau ſyſtême de morale : de là le reproche qu'ils ont fait aux Stoïciens, d'exagérer tous les devoirs, & de ſuppoſer l'homme plus fort & plus grand que nature. On peut répondre en général à cette objection par une réflexion de Montaigne, qui nous paroît avoir ici ſon application directe ; c'eſt « qu'il ſemble à chaſcun
« que la maiſtreſse forme de l'hu-
« maine nature eſt en luy : ſelon
« elle, il faut reigler tous les autres.
« Les alleures qui ne ſe rapportent
« aux ſiennes sont feintes & fauſses.
« Luy propoſe-l'on quelque choſe

« des actions ou facultez d'un au-
« tre ? la premiere chose qu'il ap-
« pelle à la consultation de son ju-
« gement, c'est son exemple; selon
« qu'il en va chez luy, selon cela
« va l'ordre du monde. O l'asnerie
« dangereuse & insupportable! »

Quoique Séneque, soumis comme les autres à l'action des causes dont j'ai parlé ci-dessus, ait fort tempéré l'austérité du stoïcisme, ce qui rend sa morale moins rigide, ou, si l'on veut, plus praticable & plus appropriée à notre foiblesse, que celle d'Epictete, il n'en étoit pas moins convaincu que la secte de Zénon n'enseignoit rien qui surpassât les forces de l'homme : il réfute même avec autant d'éloquence que de solidité, ceux qui employoient cet argument spécieux pour combattre les principes du portique. « Rien de « plus commun, dit-il, que des gens « qui regardent comme impossible « tout ce qu'ils ne peuvent faire ; « qui nous accusent de donner des « préceptes trop séveres, de tenir « un langage outré, & peu fait pour « la nature humaine. Que j'ai meil- « leure idée d'eux ! tout ce que nous « disons, ils peuvent le faire ; mais « ils ne le veulent pas. Qu'ils me « citent un homme dont les tenta- « tives aient été infructueuses, &

« qui n'ait pas trouvé nos préceptes plus faciles dans la pratique. Ce n'eſt point parcequ'ils sont difficiles, que nous n'oſons pas les tenter ; c'eſt parceque nous n'oſons pas, qu'ils sont difficiles. Nous défendons nos vices, parceque nous leur ſommes attachés ; nous aimons mieux les excuſer que les chaſser. La nature donne à l'homme aſsez de forces, s'il vouloit en uſer, les raſsembler, & s'en ſervir pour ſe défendre, ou du moins n'en pas abuſer pour ſe perdre. Le défaut de volonté eſt la vraie raiſon ; le défaut de pouvoir eſt le prétexte. »

Il paroît, par un autre ouvrage de Séneque adreſsé à Néron encore jeune, que les Courtiſans, ennemis de tout bien par état (49), ſouvent par caractere, & qui sont à-peu-près les mêmes dans toutes les Cours, ne laiſsoient échapper aucune occaſion d'inſpirer à ce Prince de l'averſion pour les Stoïciens, de lui montrer ces Philoſophes comme des hommes dangereux qu'il devoit ſur-tout écarter de ſon palais, & dont la doctrine auſtere & ſauvage n'étoit propre qu'à le rendre inſenſible aux malheurs de ſes peuples, à

(49) Tacite les a peints d'un ſeul trait : *Peſſimum inimicorum genus, laudantes.*

fermer désormais son oreille à leurs plaintes, & son cœur à la compassion. Séneque, qui craignoit avec raison l'effet de ces accusations artificieuses sur l'ame de son éleve, y répond avec beaucoup de force & de précision : & ce passage est d'autant plus important, qu'il met dans tout son jour l'injustice des reproches qu'on faisoit dès ce temps même au stoïcisme, dont quelques modernes ne paroissent pas avoir mieux connu le véritable esprit.

« Je sais, dit-il, que les ignorants « décrient la secte des Stoïciens, « comme dure & incapable de don- « ner aux Princes de bons conseils :

« on l'accuſe d'interdire au ſage la « compaſſion & l'indulgence. En « effet, ces préceptes, conſidérés en « eux-mêmes, sont odieux; ils ſem- « blent ôter toute reſsource aux éga- « rements des hommes, & vouloir « qu'on puniſse toutes les fautes. Si « cela étoit, il faudroit réprouver « une ſecte qui proſcrit l'humanité, « qui ferme à l'homme le port le « plus aſsuré contre les coups du « sort, celui de la tolérance mu- « tuelle : mais il n'y a pas de ſecte « plus indulgente, plus douce, plus « amie des hommes, plus attentive « au bien général; elle ſe propoſe « d'être utile & ſecourable, non

« ſeulement à elle-même, mais à « la ſociété en général, & à chaque « individu en particulier ».

L'hiſtoire & les faits rendent ici témoignage à Séneque : on voit, par le portrait que Tacite a tracé d'Helvidius Priſcus, avec cette hardieſse & cette fierté de pinceau qui le caractériſent, que la morale pratique des Stoïciens n'étoit pas moins propre à les rendre chers & reſpectables à tous les honnêtes gens, que la partie purement théorique de leur ſyſtême à leur en concilier l'eſtime. En effet, ils ne ſe bornoient pas à donner d'excellents préceptes ; ce que tout homme bon ou méchant peut faire : mais ils y conformoient ſcrupuleuſement leur conduite ; ce qui n'appartient qu'à l'homme de bien, & ce qui le diſtingue ſur-tout du ſcélérat, qui parle comme l'homme (50) vertueux.

« Helvidius, dit Tacite, em-
« braſſa cette ſecte de Philoſophes
« qui ſoutient que rien n'eſt bon
« que ce qui eſt honnête, ni mau-
« vais que ce qui eſt honteux ; &
« que le pouvoir, la naiſſance, &
« tout ce qui eſt hors de l'homme,
« n'eſt pour lui ni bien ni mal. Il

(50) Qui Curios ſimulant, & Bacchanalia vivunt.

JUVÉNAL, Satir. 2, vers 3.

« ne puisa rien avec plus d'avidité « dans les mœurs de son beau-pere, « que l'amour de la liberté : ci- « toyen, sénateur, mari, gendre, « ami, fidele à remplir tous les de- « voirs de la vie, méprisant les ri- « chesses, d'une opiniâtreté infle- « xible dans les choses justes, & « inaccessible à la crainte (51). »

Si des gens de lettres peu dignes de ce nom, & qui n'ont pas plus le droit d'être séveres en morale qu'en matiere de goût, osent

(51) Doctores sapientiæ secutus est, qui sola bona, quæ honesta ; mala tantùm, quæ turpia : potentiam, nobilitatem, ceteraque extra animum, neque bonis, neque malis, annumerant... e moribus soceri

aujourd'hui décrier Séneque & flétrir sa mémoire, c'est une vengeance aussi ridicule qu'elle est basse & malhonnête dans son principe : & rien ne prouve mieux la vérité de cette réflexion d'un Philosophe persécuté, calomnié, comme Séneque, pendant sa vie & après sa mort, & dont tout le crime est aussi d'avoir été un grand homme, faute que l'envie ne pardonne jamais : « Asez souvent, dit-il, il est beau« coup plus facile d'être honnête

---

nihil æquè ac libertatem hausit : civis, senator, maritus, gener, amicus, cunctis vitæ officiis æquabilis, opum contemptor, recti pervicax, constans adversùs metus. Tacit. Hist. lib. 4, cap. 5.

« homme, que de passer pour hon-
« nête homme. Vous n'avez besoin
« pour être honnête homme que de
« vaincre vos passions; mais pour
« le paroître, il faut combattre les
« passions d'autrui, & en triom-
« pher. Vous avez des ennemis arti-
« ficieux & violents qui répandent
« contre vous cent sortes de médi-
« sances. Ceux qui les écoutent sont
« crédules, & deviennent de nou-
« veaux distributeurs de calomnies;
« s'ils sont incrédules, ils forment
« des difficultés, & ils apprennent
« par-là à vos ennemis comment il
« faut proposer les calomnies afin
« de les rendre plus vraisemblables.

« Vous ignorez quelquefois toutes « ces machinations ; & quand vous « les ſauriez ou en tout ou en par- « tie, pourriez-vous aller de lieu « en lieu vous juſtifier ? n'aimez- « vous pas mieux laiſser une popu- « lace dans l'erreur, que d'employer « tout votre loiſir à diſputer le ter- « rein à des calomniateurs ? Votre « vigilance ſuffiroit-elle jamais à « renverſer ce que leur malignité « bâtit ſur des cœurs crédules, mal « tournés, & infiniment plus flexi- « bles aux procédés de ces gens-là, « qu'à toute votre éloquence & à « toutes vos raiſons (52) ? »

(52) Bayle, Diction. Hiſt. & Crit. t. 2, édit. 1740.

Il résulte de ces observations également fines & judicieuses, que le sage doit préférer à tout le témoignage de sa conscience, & dire, comme Calliclès, « Il ne dépend « pas de moi qu'on ne me décrie; « il dépend seulement de moi qu'on « ne le fasse avec raison ». Il faut savoir quelquefois se contenter du rôle simple & obscur de bienfaiteur, quelque pénible qu'il soit souvent; s'envelopper, comme Horace, de sa propre vertu, & trouver au fond de son cœur toute la récompense d'une bonne action. Un Auteur qu'on ne se lasse ni de lire ni de citer, blâme avec raison cette fauſse maxime d'un ancien Poète : Qu'une vertu cachée differe peu d'une vie fainéante & obſcure. « Si « cela eſtoit vray, dit-il, il ne fau- « droit eſtre vertueux qu'en public : « & les opérations de l'ame, où eſt « le vray ſiege de la vertu, nous « n'aurions que faire de les tenir « en reigle & en ordre, ſinon au- « tant qu'elles devroient venir à la « cognoiſsance d'autruy. Qui n'eſt « homme de bien que parcequ'on « le ſçaura, & parcequ'on l'en eſti- « mera mieux après l'avoir ſceu, « qui ne veut bien faire qu'en con- « dition que ſa vertu vienne à la « cognoiſsance des hommes, celuy-

« là n'eſt pas perſonne de qui on
« puiſse tirer beaucoup de ſervice.
« Il faut aller à la guerre pour ſon
« devoir, & en attendre cette ré-
« compenſe qui ne peut faillir à
« toutes belles actions pour occultes
« qu'elles ſoyent, non pas meſmes
« aux vertueuſes pensées, c'eſt le
« contentement qu'une conſcience
« bien reiglée reçoit en soy, de
« bien faire. Il faut eſtre vaillant
« pour soy-meſmes, & pour l'ad-
« vantage que c'eſt d'avoir ſon cou-
« rage logé en une aſſiette ferme
« & aſseurée contre les aſsauts de
« la fortune. Ce n'eſt pas pour la
« monſtre que noſtre ame doit

« jouer ſon rolle, c'eſt chez nous « au-dedans, où nuls yeux ne don- « nent que les noſtres (53) ».

En effet, ce n'eſt pas pour les autres qu'on eſt bienfaiſant & vertueux; c'eſt pour soi. Au moment même où nous expoſons notre vie pour ſauver celle de notre ami, nous paroiſsons nous ſacrifier, lorſque nous ne faiſons que nous ſatisfaire. Il eſt rare, ſans doute, de trouver des hommes aſsez heureuſement nés pour s'être fait un ſyſtême de bonheur qui augmente la ſomme de celui des autres : mais,

(53) Montaigne, Eſsais, l. 2, ch. 16.

en leur accordant toute l'eſtime qu'ils méritent, gardons-nous de les plaindre, quoi qu'il ait pu leur en coûter, puiſqu'ils ne pouvoient être heureux qu'à ce prix, & qu'au fond ils ont toujours fait ce qui leur coûtoit le moins. Qu'importe à l'homme de bien, convaincu de ces principes, les ſeuls vrais, les ſeuls où la vertu puiſse trouver une récompenſe aſsurée, le jugement favorable ou contraire que la multitude porte de ſes actions? Il en eſt des calomnies comme des erreurs & des traditions fabuleuſes; elles s'évanouiſsent à la longue, & le temps en fait juſtice : mais la probité & la vertu sont comme les doctrines véritables & fondées ſur la nature des choſes; elles ſe confirment en vieilliſſant (54).

(54) Opinionum commenta delet dies, naturæ judicia confirmat. Cicer. de Natura Deor. lib. 2, cap. 2.

Fin du Diſcours préliminaire.

www.ingramcontent.com/pod-product-compliance
Ingram Content Group UK Ltd.
Pitfield, Milton Keynes, MK11 3LW, UK
UKHW021824190726
13853UKWH00003B/1181

9 782329 610603